OLA SCHENSTRÖM

52

WEGE ZUR ACHTSAMKEIT

TRIAS

OLA SCHENSTRÖM

52

WEGE ZUR ACHTSAMKEIT
INSPIRATIONEN FÜR JEDE WOCHE

AUS DEM SCHWEDISCHEN ÜBERSETZT VON
JUTTA HAMBERGER

INHALT

Vorwort

Hallo und herzlich willkommen! Ich hoffe, dass meine Ideen in diesem Buch helfen, unnötigen Stress zu reduzieren, gelassener zu werden und alles, was in Ihrem Alltag und um Sie herum geschieht, bewusster wahrzunehmen. Sich mit Achtsamkeit zu beschäftigen heißt, mehr Werkzeuge an die Hand zu bekommen, um in einer von Informationen überfluteten, immer komplexeren Welt besser zurechtzukommen.

„Achtsamkeit" ist nichts Neues. Eigentlich umfasst sie viele menschliche Talente, die genauso trainiert sein wollen wie z. B. das Erlernen einer neuen Sprache, das Spielen eines Instruments oder Betriebswirtschaftslehre. Einige Fähigkeiten, die wir in der Achtsamkeit trainieren, sind Aufmerksamkeit, Wahrnehmung und Mitgefühl. In unserer heutigen Gesellschaft mit ihrem irrwitzigen Tempo, der digitalen Technik und den ständigen Veränderungen haben wir uns eher an das Gegenteil gewöhnt: Unaufmerksamkeit, Unbewusstheit und im schlimmsten Fall ein deutlich reduziertes Mitgefühl für uns selbst und für andere. Eine Folge davon ist, dass unsere Gesellschaft in Gefahr ist, sich zunehmend in eine weniger menschenfreundliche Richtung zu entwickeln. Wenn wir das bewusste Wahrnehmen des Jetzt und Heute trainieren, nehmen wir mit allen fünf Sinnen aufmerksamer wahr, was um uns herum geschieht – sehend, hörend, schmeckend, riechend und fühlend. Wir werden aber auch aufmerksamer für das, was in uns geschieht – in unseren Gedanken und unseren Gefühlen. Und wir lernen auch, aufmerksamer für die Signale unseres Körpers zu werden. Wir spüren besser, wo unsere Aufmerksamkeit liegt – hier und jetzt, in der Vergangenheit oder in der Zukunft. Und dann können wir auswählen, wofür wir sie eigentlich brauchen.

Unser Gehirn ist so beschaffen, dass es gut wird in allem, was wir trainieren. Wenn wir z. B. üben, impulsiv von einem digitalen Medium zum nächsten zu hüpfen, bringen wir unserem Gehirn genau das bei – ständig abgelenkt zu sein. Und gleichzeitig fällt uns das Gegenteil schwer, also uns zu fokussieren.

Wir haben zwei Gehirnsysteme, die darauf einwirken, wie wir uns entscheiden. Das eine ist automatisch und reaktiv, es wird schnell in Gang gesetzt. Oft genug unbewusst, etwa durch das Klingeln des Handys, einen inneren Impuls, genau jetzt die E-Mails zu lesen oder in soziale Netzwerke abzutauchen. Das andere System ist reflektierend und sprechend, es arbeitet langsamer. Es regelt Gedanken und Impulse – auch jene, die das erste System in Gang setzt. Es hilft uns dabei, unser Verhalten zu kontrollieren und Impulse zu erkennen, die nicht in unserem Interesse sind.

Mit einem Achtsamkeitstraining stärken wir dieses zweite System. Wir agieren dann weniger impulsgesteuert, bewusster und mit klareren Gedanken. Die Übungen dieses Buches tragen dazu bei, ruhiger, konzentrierter und bewusster zu werden. Diese Übungen sind ein Weg, sich selbst zu zeigen, wie man sich gut um sich, aber natürlich auch um andere kümmert. Wer danach mehr will und Achtsamkeit intensiver trainieren möchte, findet am Schluss des Buches entsprechende Hinweise.

Ein Achtsamkeitstraining gleicht einer Entdeckungsreise. Schauen Sie selbst, was Sie von Übung zu Übung entdecken. Viel Glück!

SO KÖNNEN DIE ÜBUNGEN VERWENDET WERDEN

Dieses Buch immer dabeizuhaben könnte eine gute Idee sein, um im Job oder zu Hause schnell danach greifen zu können. Die Übungen kann man auf ganz verschiedene Weise machen:

» Blättere einfach hierhin und dorthin, wo bleibst Du hängen?
» Du könntest Dir auch jeden Montag eine Übung aussuchen, die Du dann die ganze Woche über täglich wiederholst.
» Oder Du suchst Dir Übungen aus, die Du genau jetzt brauchst und die genau zu Deiner Befindlichkeit passen.

Einige Dinge möchte ich noch erwähnen, denn so holt man den besten Effekt aus dem Training heraus:

Wiederholung ist gut

Unser Gehirn wird stärker, wenn wir etwas üben. Der englische Satz „What fires together, wires together" beschreibt, wie sich neuronale Netze bilden. Je öfter bestimmte Neuronen zusammen aktiv werden, desto stärker sind diese Verbindungen. Anders gesagt: Je öfter wir etwas sagen, denken oder tun, desto stärker bildet es sich im Gehirn ab. Wiederholung ist also etwas Gutes!

Der Körper hilft im Hier und Jetzt

Es ist auch wichtig zu wissen, dass bestimmte Gehirnareale im Zusammenhang mit der Aufmerksamkeit aktiv sind. Ein Teil des Stirnlappens ist aktiv, wenn man nachdenkt oder sich gedanklich in eine andere Zeit begibt, und ein anderer Teil, wenn man sich auf körperliche Vorgänge, etwa die Atmung, konzentriert. Um wieder ganz im Hier und Jetzt zu sein, konzentriert man sich am besten auf die Atmung, auf die Muskeln oder Fußsohlen.

Neugier und Offenheit machen es leichter

Der dritte wichtige Punkt beim Üben ist die eigene Einstellung dazu. Je neugieriger und offener man für eine Übung ist, desto mehr wird man entdecken. Es hilft, sich diese Haltung vor jeder Übung ins Bewusstsein zu rufen – sogar dann, wenn man die Übung schon sehr oft gemacht hat. Auch zum Leben gewinnt man so eine offenere Einstellung.

Öfter aufstehen

Der erste Schritt, um etwas bewusster wahrzunehmen, ist, aufzustehen. Wenn das nicht möglich ist, dann sollte man wenigstens das, was man gerade tut, langsamer machen. So gelingt es, aus dem Automatismus herauszukommen und mehr als nur die Oberfläche der Wirklichkeit wahrzunehmen. Deshalb: einfach öfter mal aufstehen und nachspüren, was gerade so passiert.

Einfach mal aufschreiben

Hinter jeder Übung lässt das Buch Platz, um seine Gedanken und Erfahrungen aufzuschreiben. Vielleicht sind es nur einige Stichwörter, die man später nochmals ansehen kann. Was waren die Empfindungen, welche Gedanken sind aufgetaucht? Worauf lag die Konzentration?

Es gibt kein „nur so geht das"

Es gibt nicht den einen, „richtigen" Weg. Es ist so, wie es ist, und das jedes Mal aufs Neue. Wichtig ist, wie man damit umgeht. Zentrale Fragen beim Üben sind: War es angenehm? Oder unangenehm? Hat sich etwas verändert?

Und zum Schluss

Egal, wie es mit den Übungen gerade läuft – Freundlichkeit und Wertschätzung für sich selbst sollten immer die Grundhaltung sein.

Wenn du wach wirst

Achtsamkeit hilft beim Aufwachen – im Leben. Man sieht mehr, hört mehr, unterscheidet mehr Düfte und Geschmäcke. Man wird aufmerksamer bezüglich allem, das in einem selbst geschieht: bezüglich Gedanken, Gefühlen und des Körpers. Die Übungen in diesem Abschnitt helfen, mit dem Innersten und dem Körper Kontakt aufzunehmen. Es gelingt dann leichter, sich selbst und andere mit Freundlichkeit wahrzunehmen. Man wird offener und lernt zu akzeptieren, dass das Leben nicht immer so verläuft, wie man es geplant hatte.

AUFWACHEN UND DIE LAGE EINSCHÄTZEN

Beginne jeden Morgen damit, mit Dir selbst Kontakt aufzunehmen. Wenn Du aufwachst: Strecke Arme und Beine aus, balle die Fäuste, wackle mit den Zehen, gähne und atme tief ein. Halte den Atem einen Moment an, dann atme tief aus. Wiederhole das 3 Mal.

Wie fühlt es sich heute Morgen an? Was taucht in Deinen Gedanken auf? Welche Gefühle nimmst Du wahr?

Jetzt hast Du die erste „Morgenlage" hinter Dich gebracht. Du kannst die Übung während des Tages gerne mehrmals wiederholen, damit Du immer häufiger wahrnimmst, was um Dich herum geschieht.

HAB EINEN SCHÖNEN TAG

Wenn Du wach bist, beschließe, dass heute ein schöner Tag werden wird. Das könnte so aussehen:

Heute werde ich gut zu mir selbst und zu anderen sein, ganz egal, was geschieht.

Schreibe Dir deinen Vorsatz auf. Du kannst den Vorschlag so abwandeln, wie es für Dich am besten passt. Steh tagsüber mehrmals auf und lies Deinen Vorsatz. Sei besonders dann gut zu Dir, wenn Dir etwas misslingt. Die Übung erhöht diese Fähigkeit – und: Niemand von uns wird jemals vollkommen sein.

....

....

....

SEI DARAUF VORBEREITET, DASS ES NICHT SO KOMMT WIE GEPLANT

Viel Stress, Ärger oder Unruhe kommen daher, dass die Wirklichkeit nicht so ist, wie wir uns das wünschen oder wie wir es geplant haben. Diese negativen Gefühle kannst Du verringern, wenn Du bereit dafür bist, jeden Tag auch das Unerwartete zu akzeptieren. Oft sind das Dinge, auf die wir zunächst keine Antwort haben. Das ist eine Möglichkeit, sich darauf vorzubereiten:

Es wird nicht so kommen, wie ich es mir gedacht und wie ich es geplant habe – auch heute nicht.

Mit dieser Haltung wächst Deine Toleranz gegenüber Unvorhergesehenem. Probier es einfach aus!

....

....

....

....

Fol

Heute ist die Aufmerksamkeit der meisten Menschen zersplittert, Handys, Computer und Internet, jede Menge E-Mails, SMS und Posts in sozialen Medien sind der Grund dafür. Ein wirksames Gegenmittel gegen Stress und Unkonzentriertheit ist es, Konzentration zu üben. Je mehr man übt, fokussiert zu bleiben, desto stabiler und ruhiger werden die Sinne. Man wird besser wahrnehmen, was um einen herum geschieht. Man sieht mehr und denkt klarer.

ÜBE, DEINE KONZENTRATION ZU STÄRKEN

Atme 10 Mal tief ein und aus, spüre nach, wie sich Ein- und Ausatmen in Deinem Körper anfühlen. Achte auch auf die kurze Pause zwischen Ein- und Ausatmen und die oft etwas längere Pause zwischen Aus- und Einatmen. Zähle nach jedem Atemzug leise bis 10. Wenn Deine Aufmerksamkeit nachlässt, fang erneut damit an. Wenn Du die Übung 10 Mal gemacht hast, beginne von vorne.

Versuche, diese Übung 3 oder 5 Minuten lang durchzuhalten. Beobachte, was nach der Übung geschieht. Die Übung hilft Dir, Deine Konzentration zu stärken. Mach diese Übung unter der Woche so oft wie möglich.

HIER

JETZT

EINS NACH DEM ANDEREN

Denke über Deine „To-do-Liste" nach, sofern Du
eine hast. Sind Deine Gedanken bei dem, was Du
tust, oder bei dem, was Du noch erledigen willst?
Übe, genau bei der Aktivität zu sein, die Du gerade
ausübst. Wenn Deine Aufmerksamkeit sich anderem
zuwendet, kehre freundlich, aber bestimmt zurück
zu deiner momentanen Tätigkeit. Wiederhole
das immer wieder, wenn Deine Gedanken
herumwandern.

SEI NEUGIERIG BEIM ATMEN

Setz Dich bequem hin, der Rücken ist gerade, schließe die Augen. Sitz einfach da und konzentrier Dich auf Deine Atmung. Wie ist sie in diesem Moment? Kurz, lang, hart, weich, schnell, langsam, regelmäßig, unregelmäßig? Beobachte Deine Atmung, ohne sie dabei zu ändern. Wie fühlt sich die ein- und ausströmende Luft an? Warm, schal, trocken, feucht – oder ganz anders? Wenn Deine Gedanken auf Wanderschaft gehen, konzentriere Dich freundlich und bestimmt wieder auf Deine Atmung.

Wenn Du Dich auf Deine Atmung konzentrierst, erhöhen sich Dein Konzentrationsvermögen und Dein Fokus liegt auf dem, was Du gerade tust. Wiederhole die Übung immer wieder, über den Tag verteilt, und schau Dir an, was Du dabei entdeckst.

WENN DEINE GEDANKEN ABSCHWEIFEN

Wenn Du frustriert darüber bist, dass Deine Gedanken immer wieder abschweifen, probiere diese Übung aus: Steh auf und spüre, wie sich die Atmung in Deinem Körper anfühlt – mache das ca. 1 Minute lang. Beobachte, ob die Gedanken abschweifen, führe sie freundlich und bestimmt zurück – entweder zur Atmung oder zu dem, was Du gerade tust. Probiere es einfach aus!

Aufstehen
Atmen
Zurückkehren

MACH ES LANGSAMER UND BEWUSSTER

Achtsamkeit kannst Du mit vielem üben, das in Deinem Alltag und um Dich herum ist. Es hilft, sich auf das zu konzentrieren, was man gerade tut, und nicht im Kopf schon bei dem zu sein, was man noch tun möchte. Diese Übung hilft, bei alltäglichen Tätigkeiten zur Ruhe zu kommen.

Abspülen, putzen, Zähne putzen – mach es einfach deutlich langsamer als üblich und sei ganz fokussiert darauf, was Du tust. Vielleicht kannst Du auch versuchen, langsamer zu gehen? Beobachte, welche Wirkung sich einstellt.

MEHR ENERGIE BEKOMMEN

» Steh auf. Mach Dich frei von allem, was Dich beschäftigt, und atme 3 Mal tief ein.

» Schließe die Augen und spüre in Deinen Körper hinein.

» Was geschieht gerade? In Deinen Füßen und Beinen, im Magen, im Brustkorb und im Rücken, in den Schultern und Armen, den Händen, in Hals, Nacken und Kopf? Richte Deine Aufmerksamkeit jeweils 5 Sekunden lang auf jeden Körperteil. Beobachte, welche Wirkung sich einstellt.

ERLEBE DEIN GESICHT

KONZENTRIERE DICH AUF DEIN GESICHT

Du kannst tagsüber einmal versuchen, Dich auf Dein Gesicht zu konzentrieren. Was erlebst und bemerkst Du? Ist Dein Gesicht entspannt oder angespannt? Wo spannt es? Ist die Haut warm oder kühl? Sind Deine Züge weich oder hart? Beginne mit der Stirn – die ganze Stirn vom Haaransatz bis zu den Augenbrauen und den Schläfen. Was spürst Du hier? Geh nun weiter zu den Augen und Augenbrauen, den Wangen und dem Kiefer, zu Nase und Mund, Kinn und Zunge. Ruht die Zunge im Mund oder ist sie an die Zähne oder den Gaumen gedrückt?

Mit dieser Übung nimmst Du die Spannung in Deinem Gesicht besser wahr und kannst bewusster entspannen. Mach diese Übung eine Woche lang jeden Tag.

Sorge für Dich und andere

Wir haben im Körper drei verschiedene Systeme für Stress/Gefahr, Leistung/Entwicklung und Fürsorge/Ruhe. Das System, das oft übersehen wird, ist das für Fürsorge und Ruhe. Viele Menschen, die unter Erschöpfungs- und Stresszuständen leiden, denken: Erst kommen alle anderen, dann ich, wenn dazu noch Zeit ist. Das ist in unserer heutigen Zeit und Gesellschaft kein förderliches Verhalten. Deshalb sind die folgenden Übungen dafür da, sich besser um sich selbst zu kümmern – mit gutem Gewissen. Wenn ein besseres Gleichgewicht zwischen diesen drei Systemen besteht, fühlt man sich besser. Regelmäßige Selbstfürsorge ist das Rezept für eine nachhaltige persönliche Entwicklung.

MACH EINE PAUSE

MACHE EINE PAUSE UND BEOBACHTE

Mache mehrmals am Tag eine kleine Pause und beobachte, ob Du im Körper oder im Kopf einen Widerstand spürst. Wo genau sind Anspannungen? Versuche, genau dorthin freundliche Aufmerksamkeit zu richten. Verändert sich etwas? Was geschieht im Körper und im Kopf? Gibt es Spannungen oder Widerstände, die immer wieder auftauchen?

WAS SAGEN DIR DEIN NACKEN UND DEINE SCHULTERN?

Nacken und Schultern sind die Körperbereiche, in denen sich oft Anspannung festsetzt. Wie fühlen sich Deine Schultern und Dein Nacken in diesem Moment an? Spürst Du Verspannungen, ein Taubheitsgefühl, Schmerzen?

» Beginne mit einem tiefen Atemzug und ziehe dabei die Schultern so hoch, wie Du kannst. Halte einen Moment inne und spüre nach, ob Spannung vorhanden ist.

» Atme jetzt langsam aus und drücke dabei die Schultern so tief wie möglich nach unten. Halte wieder einen Moment inne.

» Lass nun die Schultern wieder ihre normale Position einnehmen und atme in Deinem Rhythmus weiter.

» Spüre nach, ob es einen Unterschied und Nachwirkungen für Schultern und Nacken gibt. Wärme? Ein Prickeln? Ein stechendes Gefühl? Oder etwas anderes?

Suche nach dem Angenehmen

SUCHE NACH ANGENEHMEN ERFAHRUNGEN

Das ist eine sehr einfache Übung, um angenehme Erfahrungen im Alltag zu erleben.

» Setze Dich und schließe die Augen, spüre in den Körper hinein. Was erlebst Du? Spürst Du Widerstände oder angenehme Empfindungen?

» Begib Dich jetzt auf die Suche nach Körperempfindungen, die für dich angenehm sind. Spürst Du irgendwo Wärme, bist Du entspannt? Vielleicht sind Deine Wangen, die Oberfläche Deiner Hände oder ein anderer Körperteil weich? Oder bist Du satt und müde? Spürst Du etwas anderes, das Dir guttut und angenehm ist?

» Trainiere, nach schönen Erfahrungen zu suchen. Sei dabei neugierig und gespannt. Was entdeckst Du?

Höre
auf Deinen
Körper

SPANNUNGEN ABBAUEN UND AUF DEN KÖRPER HÖREN

Das ist eine Übung, um sich wirklich auf den eigenen Körper einzulassen, ihn kennenzulernen und seine Signale zu deuten. Achte darauf, welche Haltung Du gerade einnimmst – beim Sitzen oder Stehen. Spüre den Kontakt zwischen Körper und Untergrund, auf dem Du sitzt oder stehst. Wie fühlt sich das in deinen Füßen, im Bauch, im Brustkorb, in Schultern und Nacken, in Mund und Augen an? Was fällt Dir besonders auf? Druck? Wärme? Spannungen? Schmerzen? Beschließe ganz bewusst, Deine Körperhaltung zu verändern. Spüre die Folgen Deiner Entscheidung.

WERTSCHÄTZUNG FÜR DICH SELBST

Beschäftige Dich viel mehr damit, Dich selbst zu mögen. Wie oft stehen wir morgens auf und loben uns für all das, was wir jeden Tag erledigen? Bevor Du Deinen Arbeitsplatz verlässt, bevor Du eine neue Aufgabe beginnst, nimm Dir einen Moment Zeit und schaue mit Wertschätzung auf das, was Du an diesem Tag schon geleistet hast – für Dich selbst, für Deine Arbeit oder für etwas anderes. Was hast Du gemacht? Welche Gefühle und Körperwahrnehmungen weckt Dein Tun in Dir? Womit warst Du zufrieden? Überlege, wie Du am nächsten Tag weiter an der Wertschätzung für Dich selbst arbeiten kannst.

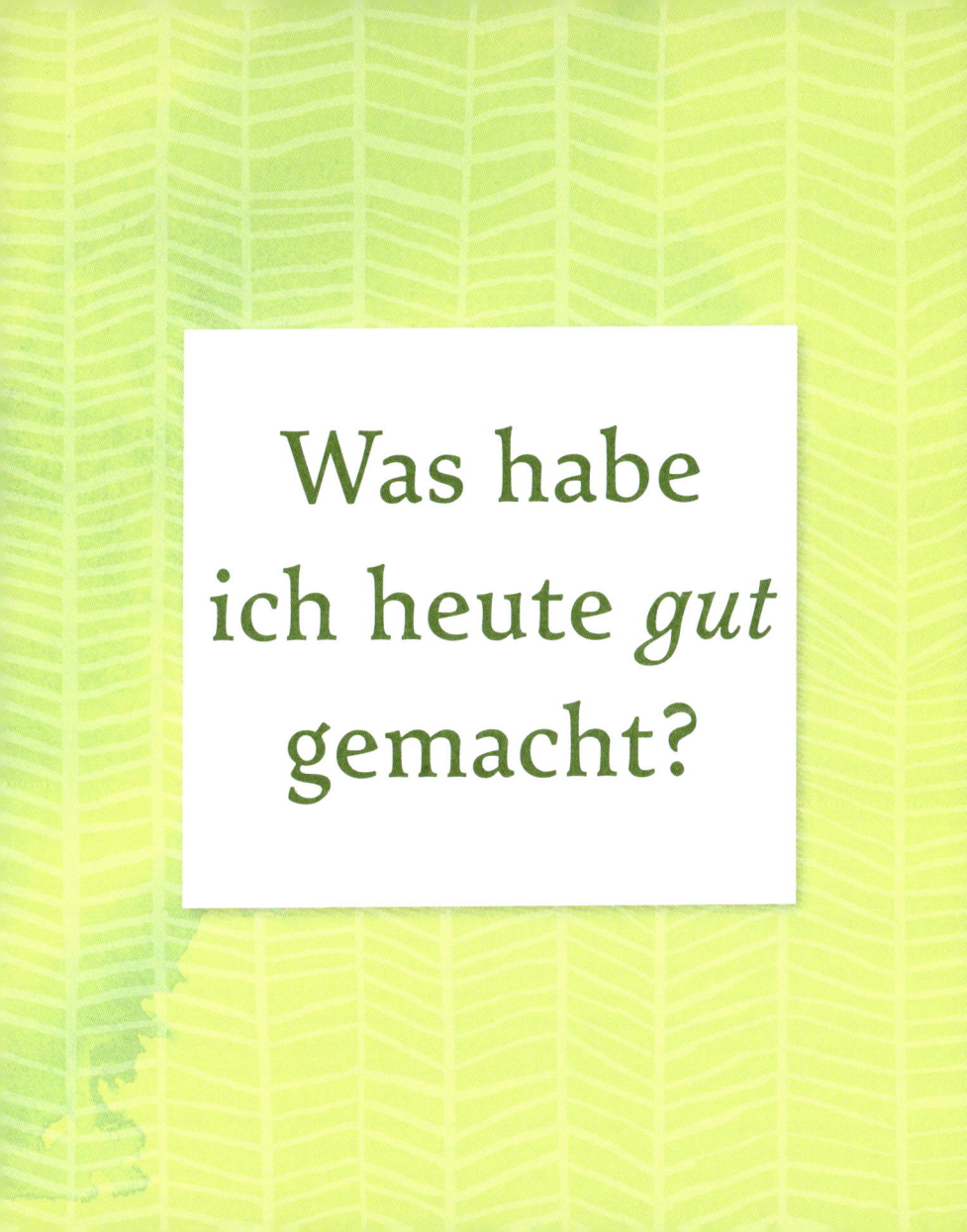

Was habe ich heute *gut* gemacht?

SEI AUFMERKSAM BEI ALLEM, WOMIT DU DICH GUT FÜHLST

Packe die Gelegenheit beim Schopf. Konzentriere Dich auf etwas, das sich gut und angenehm anfühlt – etwa Dein warmes Bett, das Lächeln eines Kindes, den Sonnenstrahl, der durchs Fenster fällt, die Stimme Deines Partners, den Gesang der Vögel oder etwas, das gut duftet und schmeckt. Achte darauf, was in Deinem Körper passiert, wenn Du Dich auf schöne, angenehme Erlebnisse konzentrierst. Nimm Dir vor, jeden Tag 3 oder mehr schöne Augenblicke wahrzunehmen. Was entdeckst Du?

SICH SELBST RUHE GÖNNEN

Erlaube Dir, einfach nichts zu tun. Unterbrich Deine Tätigkeit. Steh auf, mache einige tiefe Atemzüge und höre auf die Geräusche, die Du gerade jetzt wahrnehmen kannst. Was entdeckst Du? Wiederhole das so oft wie möglich.

DU
DARFST!

ANERKENNUNG FÜR ANDERE

Mitgefühl entwickelt man, wenn man anderen Menschen Anerkennung zeigt für das, was sie für einen tun. Übe zu beobachten, wer etwas für Dich tut. Zeige diesen Menschen Deine Freude und Dein Lob, indem Du klar ausdrückst:

» Was jemand getan hat.
» Welche positiven Gefühle das in Dir ausgelöst hat.
» Welche Bedürfnisse damit zufriedengestellt wurden.

GEH FREUNDLICH MIT DIR UM

Oft sind wir zu anderen viel freundlicher als zu uns selbst. Stell Dir vor, Du würdest mit Dir so liebenswert umgehen wie mit anderen! Beginne damit und mache etwas, das Du gut kannst. Mache es nur für Dich. Mach diese Übung eine Woche lang jeden Tag. Probiere es einfach aus!

Freundlichkeit
gewinnt
immer

Jeder will sich wohlfühlen, geborgen und geliebt sein

GENAU WIE ICH

Unsere Einstellung anderen gegenüber hat
Auswirkungen auf andere Menschen und auf
uns selbst. Wenn Du andere Menschen siehst,
die offensichtlich nicht fröhlich sind oder deren
Verhalten Dich irritiert, versuche Dich an diesen
Gedanken zu erinnern:

*Er/Sie will sich auch wohlfühlen, geborgen
sein und geliebt werden – genau wie ich.*

Wiederhole diesen Gedanken jedes Mal, wenn Du in
eine solche Situation kommst. Und beobachte, was
er in Dir verändert.

....

....

....

Im Hier und Jetzt

Unsere Gedanken reisen vorwärts und rückwärts in der Zeit. Dagegen können wir nichts machen, unser Gehirn ist einfach so gebaut. Es ist gut, in die Vergangenheit zu reisen und zu verstehen, was passiert ist. Und wir müssen auch für die Zukunft planen können. Es ist aber nicht gut, wenn man zu oft im Vergangenen feststeckt und Dinge wiederkäut oder nur vorausplanend in der Zukunft unterwegs ist. Die Gefahr ist groß, dass man dadurch den Moment, in dem man sich gerade befindet, vergisst. Wissenschaftler der Universität Harvard haben herausgefunden, dass Menschen ungefähr 50% ihrer wachen Zeit auf Zeitreise sind. Wir machen das umso intensiver, je unruhiger, trauriger oder ängstlicher wir sind. Um bewusst in die Gegenwart zurückzukehren, hilft es, seine äußeren Sinneswahrnehmung zu trainieren oder seinen inneren Gedanken, Gefühlen und Körperwahrnehmungen besser nachzuspüren.

SPÜRE DEINEN KÖRPER IN BEWEGUNG

Eine gute Methode, körperbewusster zu werden, ist, sich tagsüber immer wieder in verschiedenen Situationen auf den eigenen Körper zu konzentrieren. Spüre, wie sich Dein Körper oder ein Körperteil bei einer Bewegung anfühlt – wenn Du Dich z. B. streckst, hinsetzt, wenn du aufstehst, eine Tür öffnest, das Essen vom Teller kratzt oder etwas anderes tust. Nimm Deine Atmung wahr, beobachte, was mit Deinem Gleichgewicht und Deiner Konzentration geschieht, wenn Du verschiedene Bewegungen ausführst. Übe diese Körperaufmerksamkeit so oft wie möglich.

NIMM DEN KÖRPER WAHR

IM HIER UND JETZT ANKOMMEN

Es gibt viele Wege, um im Hier und Jetzt anzukommen. Diese Übung knüpft an die Atmung an – spüre, wie sich Ein- und Ausatmen im Oberkörper anfühlen.

» Stehe oder sitze aufrecht. Atme tief ein, spüre, wie die Luft Deine Lungen füllt und Deinen Oberkörper aktiviert – in Bauch, Brustkorb, Rücken, Gesäß und in den Schultern, die sich nach oben bewegen. Halte den Atem kurz an und spüre erneut, wie sich das anfühlt.

» Atme nun langsam aus und senke die Schultern. Spüre, wie Schultern, Brustkorb und Bauch beim Ausatmen ein wenig sinken. Konzentriere Dich auf den gesamten Atemzug. Wie fühlt es sich an, wenn Du so ausatmest? Ist es möglich, mehr Gewicht oder mehr Erleichterung beim Ausatmen zu spüren?

» Wiederhole die Übung 3 Mal, atme dann ganz normal weiter.

FÜR EINEN
MOMENT IM HIER
UND
JETZT ANKOMMEN

ATME
JETZT!

IM HIER UND JETZT ATMEN

Wenn Du eine Treppe hinabsteigst:

» Bleib stehen, wenn noch 3 Stufen vor Dir liegen. Atme tief ein, halte den Atem kurz an und senke die Schultern.

» Atme langsam aus und gehe gleichzeitig die letzten Stufen bewusst hinunter. Lasse den Körper mit jedem Schritt weiter entspannen. Bleib auf der letzten Stufe erneut stehen. Atme ganz normal weiter und spüre nach, wie sich das im Körper anfühlt.

» Mache diese Übung so oft, wie Du in dieser Woche Zeit dafür findest. Was entdeckst Du?

....

....

....

Geh ohne Ziel

GEH BEWUSST IM HIER UND JETZT

Mache einen kurzen, ziellosen Spaziergang. Experimentiere damit, mal etwas schneller und mal deutlich langsamer zu gehen. Spüre jeden Schritt in Deinem Körper. Spürst Du, wie es sich anfühlt, wenn Du die Fußsohle aufsetzt und den Fuß abrollst? Was spürst Du in den Waden, was in den Knien, den Hüften? Wie spürst Du jeden Schritt im Rücken? In den Schultern, im Nacken, im Kopf und in den Armen? Gibt es bezüglich Gewicht, Balance, Gedanken, Gefühlen einen Unterschied, wenn Du schnell oder langsam gehst? Sei so neugierig wie möglich auf das, was Du erlebst.

KÖRPERBEWUSST SEIN

Mit dieser Übung trainierst Du Dein bewusstes Körpergefühl und Deine Atmung, wenn Du Dich bewegst. Konzentriere Dich darauf, bei jeder körperlichen Tätigkeit auch Körper und Atmung wahrzunehmen.

» Wähle den Körperteil aus, auf den Du Dich zuerst konzentrieren möchtest. Wenn Du gehst oder läufst, kannst Du beispielsweise mit den Fußsohlen beginnen.

» Achte abwechselnd auf verschiedene Körperteile und Deine Atmung, während Du gehst. Was bemerkst Du?

DIE UMGEBUNG WAHRNEHMEN

Mache einen Spaziergang und nimm Deine Umgebung ganz bewusst wahr. Was alles bemerkst du? Welche Farben? Welche Düfte? Spürst Du den Wind? Streichelt die Sonne Deine Wangen? Wie fühlt sich das an? Warm oder kalt? Was entdeckst Du?

Streichelt die Sonne Deine Wangen?

SCHAU HINAUF ZUM HIMMEL

Das ist eine Übung, um die Wahrnehmung Deiner Umgebung zu verstärken.

» Bleib stehen und schaue hinauf zum Himmel, z. B. Beispiel am Morgen, zu Mittag oder am Abend. Welche Farben und Formen kannst Du sehen? Konzentriere Dich auf die Veränderungen.

» Welche Gedanken, Gefühle und körperlichen Empfindungen hast Du, wenn Du Dich so konzentrierst? Probiere es einfach aus!

Lass
negative
Gedanken
los

KONZENTRIERE DICH AUF DEINE GEDANKEN

Unser Gehirn ist dafür gemacht, jeden Tag 30.000 bis 50.000 Gedanken zu denken. Die meisten steuert man nicht bewusst, sie kommen und gehen einfach. Wenn man sich mehr mit Achtsamkeit beschäftigt, gelingt es einem immer besser, sich seiner eigenen Gedanken bewusst zu werden. Das gibt einem die Chance zu entscheiden, wie man sich zu bestimmten Gedanken verhalten will. Man spürt oft besser, welche Gedanken Energie rauben und welche Gedanken man besser nicht mehr denken sollte.

Steh auf und beobachte Deine Gedanken eine Weile. Egal, welcher Gedanke auftaucht, akzeptiere ihn und lass ihn dann los, indem Du Dich auf Deine Atmung konzentrierst. Konzentriere dich abwechselnd auf deine Gedanken und Deine Atmung. Probiere es einfach aus!

Weniger Stress, mehr Erholung

Stress ist eigentlich nichts anderes als Anstrengung. Wir brauchen Anstrengung, damit wir funktionieren. Vieles gelingt uns gerade mit einem gewissen Stresspegel am besten. Gefährlich für uns ist lang andauernder Stress in Kombination mit zu wenig Erholung. Mit anderen Worten: Es tut gut, tagsüber immer wieder kleine Pausen einzulegen, abends etwas auszuruhen und natürlich auch Feiertage oder den Urlaub zur Erholung zu nutzen. Stress reduzieren kann man auf ganz verschiedene Weise, z. B. indem man Kontakt mit seinem Körper aufnimmt, Gedanken loslässt, Dinge langsamer und bewusster macht und sich immer wieder Momente gönnt, in denen man einfach nur sein kann.

IM KÖRPER ZU SEIN SCHAFFT RUHE

Wenn man mit voller Drehzahl läuft und Ruhe braucht, gelingt das am schnellsten, indem man Kontakt mit seinem Körper aufnimmt. Du kannst diese Übung im Sitzen machen.

» Stampfe mit beiden Füßen einige Male fest auf den Boden. Lass die Füße dann ruhig auf dem Boden stehen, schließe die Augen und atme in Deinem natürlichen Rhythmus.

» Beobachte die Nachwirkung in Deinen Füßen, Waden und Oberschenkeln. Was spürst Du? Vibrationen? Ein Stechen? Ein Fließen? Wärme? Oder etwas anderes?

» Beachte, dass sich die Wahrnehmung von mal zu mal verändern kann.

» Wiederhole die Übung, wenn sie Dir guttut.

....

....

....

IM KÖRPER SEIN SCHAFFT RUHE

ATME, WENN DU WARTEST

STEH AUF UND REDUZIERE DEN STRESS

» Steh auf.
» Atme 3 Mal tief ein, während Du auf jemanden oder etwas wartest.
» Zähl beim Einatmen bis 3.
» Halte den Atem an und zähle bis 2.
» Atme aus und zähle bis 5.
» Spüre nach, wie sich jeder Atemzug im Körper anfühlt.
» Beachte, welche Nachwirkungen Du im Körper wahrnimmst. Je öfter Du diese Übung machst, desto besser.

....

....

....

DINGE LANGSAMER ALS ÜBLICH TUN

Alles schnell zu machen hat oft negative Folgen für uns. Ein derart hektisches Verhalten aktiviert unser Stresssystem und schüttet die Stresshormone Kortisol und Adrenalin aus.

Probiere aus, Dinge bewusst langsamer als üblich zu machen. Erledige eine Aufgabe extra langsam – gib Dir Zeit, sie in Ruhe zu erledigen, ohne Eile. Genieße die Langsamkeit. Beobachte, wie es sich im Körper anfühlt. Du kannst die ganze Woche über trainieren, Dinge langsamer und mit voller Konzentration zu tun.

....

....

....

GENIESSE DIE LANGSAMKEIT

ETWAS BLEIBEN LASSEN – UND LOSLASSEN

Ziel dieser Übung ist es, Stress und Unruhe bei Dingen, die wir, zumindest zum aktuellen Zeitpunkt, nicht beeinflussen können, zu reduzieren. Jedes Ausatmen soll Dich daran erinnern, loszulassen und so Raum für den nächsten Atemzug zu schaffen. Ansonsten brauchst du nichts zu tun. Konzentriere Dich nur auf das Ausatmen und denke diesen einen Gedanken:

Ich lasse los.

Wenn Du willst, kannst Du noch hinzufügen:

Ich lasse

  – das, was war

  – meine Anspannung

  – meine Unruhe

  – meinen Ärger

los

Wiederhole einen der Sätze während der Übung. Was entdeckst Du?

STEH AUF UND MACHE EINE KLEINE PAUSE

Diese Übung können Kinder, Jugendliche und Erwachsene problemlos ausführen:

» Steh auf und unterbrich, was Du gerade machst, für einen kurzen Moment. Schließe die Augen und beobachte, was Du in diesem Augenblick denkst und fühlst.

» Konzentriere Dich dann auf die Atmung. Wann und wo spürst Du sie im Körper? Atme einige Male tief ein und aus.

» Konzentriere Dich jetzt auf den Kontakt Deiner Füße mit dem Boden.

» Nimm Deine Tätigkeit nach einigen Minuten wieder auf – mache gelassener und bewusster weiter.

....

....

....

SCHLANGE STEHEN

In einer Schlange anzustehen kann man als Entspannungsübung nutzen. Nimm Dir vor, gerade in dieser Situation einen Moment zu entspannen und Ruhe, Gelassenheit und Erholung zu suchen.

Stehe stabil, richte die Aufmerksamkeit ganz auf Deine Fußsohlen und dann auf den gesamten Körper. Folge jedem Atemzug beim Ein- und Ausatmen. Wie lange kannst Du die Konzentration halten, bevor Deine Gedanken abschweifen? Führe die Konzentration behutsam zurück zu Deinen Atemzügen. Wiederhole diese Übung, so oft Du möchtest, und beobachte, wie sich Dein Verhalten in der Schlange verändert.

MACH URLAUB VON DEINER TO-DO-LISTE

Eine To-do-Liste ist eine gute Sache – so bringt man etwas weiter. Aber wir müssen nicht die ganze Zeit im *To-do-Modus* sein. Eine Pause zu machen bedeutet, den Fokus vom Tun aufs Sein zu richten.

Wenn wir uns im *Ich-bin-Modus* befinden, sind wir ganz im Hier und Jetzt, in diesem Augenblick, sehr bewusst, entspannt und aufmerksam. Sitze einen Moment einfach still und spüre nach, wie sich das in Gedanken und im Körper anfühlt. Einfach nur sein, und gar nichts tun. Was entdeckst Du?

....

....

....

NUR
SEIN,
NICHTS
TUN

JEDEN TAG MEHR-
MALS AUFSTEHEN

NIMM DIR EINEN MOMENT, UM ZU SEIN

Einfach nur zu sein hilft uns dabei, gelassener und entspannter zu werden. Wir nehmen aber auch unsere Umgebung viel bewusster wahr.

» Steh jeden Tag mehrmals auf.
» Schließe die Augen, wenn sich das gut anfühlt.
» Beobachte, was in Deinen Gedanken auftaucht, Augenblick für Augenblick. Beschränke Dich aufs Wahrnehmen dieser Gedanken.

Was entdeckst Du?

....

....

....

WENN DICH ETWAS UNTER DRUCK SETZT

Es wird immer wieder Situationen geben, in denen man unter Druck gerät. Versuche, aufzustehen. Atme bewusst einige Male ein und aus und spüre, wie Du Dich beruhigst. Versuche, Situationen so zu nehmen, wie sie eben sind. Konzentriere Dich auf die Gedanken, die auftauchen, und achte darauf, Gedanken loszulassen, die Deine Gefühlslage verschlechtern.

Vielleicht bist Du danach immer noch unter Druck und fühlst dich gar nicht gut. Tatsächlich ist das aber bereits die ganze Übung. Du musst negative Gedanken und Gefühle nicht bewältigen. Lass sie los, wenn dir das möglich ist. Probiere es einfach aus!

....

....

....

Mit Techno-
logie
umgehen

Natürlich haben die neuen Technologien, die in den letzten Jahrzehnten entstanden sind und sich rasend schnell weiterentwickeln, viele Vorteile. Aber womöglich höhlen diese Technologien unser Leben auch aus, und wenn wir nicht aufpassen, verlieren wir den Kontakt zu Menschen, die uns am nächsten stehen. Kinder, Partner, Freunde – Beziehungen brauchen Nähe! Forscher sind sich einig darüber, dass gute Beziehungen die Voraussetzung für ein gutes Leben sind. Mit den folgenden Übungen kann man sich bewusst werden, wie man mit der Technologie im eigenen Leben umgehen möchte.

WIE DICH DEIN HANDY BEEINFLUSST

Mit guten Handyroutinen gelingt es, Ablenkungen
zu minimieren und sich mehr auf seine Prioritäten
zu konzentrieren. Mit dieser Übung wird Dir
bewusster werden, wie Dein Handy Deine
Aufmerksamkeit beeinflusst.

» Versuche, Dein Handy einen ganzen Tag lang
  eingeschaltet zu lassen.
» Versuche, Dein Handy möglichst einen ganzen
  Tag lang nicht einzuschalten.
» Versuche, Dein Handy nur dann einzuschalten,
  wenn Du Zeit zum Telefonieren hast oder
  Antworten geben musst.

PLANE
DEN TAG
ZUERST

GEHE BEWUSST MIT E-MAILS UM

Auch bei Deinen E-Mails gelingt es, durch gute Routine Ablenkung zu minimieren und Deine Aufmerksamkeit auf das zu lenken, was Priorität hat.

» Bevor Du Deine E-Mails liest: Überlege, wie Du heute alles Wichtige schaffen kannst.

» Entscheide Dich dann, ob Du die E-Mails jetzt oder später lesen willst. Sei Dir bewusst, dass das Lesen der E-Mails Dich von Deinen Aufgaben ablenken kann und Deine Aufmerksamkeit verringert.

» Beobachte, welche Auswirkungen die E-Mails auf Deine Aufmerksamkeit und Deine täglichen Aufgaben haben.

FERNSEHFASTEN

Vieles, was wir tagsüber machen, geschieht eher unbewusst und wird von unserem Autopiloten gesteuert. Wir machen die Dinge so wie immer, das braucht wenig oder gar keine Energie.

Versuche, mit einer Gewohnheit zu brechen. Du könntest z. B. auf Deine tägliche Dosis Fernsehen verzichten – und bekommst mehr Raum und Zeit für anderes. Probiere, einen Tag ganz ohne Fernseher auszukommen. Du bist kreativ und hast Fantasie – was kannst Du stattdessen machen? Was entdeckst Du?

TRAU DICH,
AUF
TECHNOLOGIE
ZU
VERZICHTEN

EINE WEILE OHNE TECHNOLOGIE AUSKOMMEN – TRAUST DU DICH?

Wenn Du oft am Computer arbeitest, ignoriere ihn immer wieder einige Augenblicke lang. Stelle das Telefon leise oder gehe nicht ran, wenn es klingelt. In früheren Zeiten konnten wir sehr gut ohne all diese Dinge leben; jetzt tendieren wir dazu, uns von ihnen tyrannisieren zu lassen. Triff bewusstere Entscheidungen, wie Du in dieser Woche mit Technologie umgehen willst. Was entdeckst Du?

Wenn Du den Computer mal ignorierst oder Dich entscheidest, das Handy auszulassen, spüre nach, wie sich das im Körper anfühlt. Was entdeckst Du? Probiere es einfach aus!

GERÄUSCHE
AUSSCHALTEN

KLEINE MOMENTE DER STILLE SIND BESSER ALS NICHTS

Probiere aus, während der Werbeunterbrechungen oder Nachrichten, die Dich nicht wirklich interessieren, den Ton abzuschalten. Konzentriere Dich auf Deine Atmung, während der Ton abgeschaltet ist. Beobachte, wie sich das in Körper und Geist anfühlt.

Diese Übung hilft, im Hier und Jetzt zu sein. Sie unterstützt auch Ruhe und Gelassenheit in Körper und Geist. Versuche, diese Übung die nächste Woche über mindestens 1 Mal täglich zu machen. Wenn Du nicht fernsiehst, unterbrich einfach das, was Du gerade tust, für einen kurzen Moment.

INTERNET-DETOX –
SICH BEWUSST FOKUSSIEREN

Gönne Dir an Feiertagen, im Urlaub oder in der Freizeit eine Pause vom Internet oder von all den Apps auf dem Handy. Das ist eine gute Übung, um Abhängigkeiten, Gewohnheiten und das eigene Verhalten auf den Prüfstand zu stellen. Bestimme einen oder zwei Tage, an denen Du weder Internet noch Handy benutzen willst. Beobachte Deine Impulse, danach zu suchen. Beobachte die Reaktionen im Körper, nimm wahr, wie sich Deine Gefühle und Gedanken verändern.

Mach diese Beobachtungen mit genau der Neugier, die Du normalerweise für anderes hast. Vermeide es, Dich zu kritisieren oder zu verurteilen. Mach diese Übung mit liebevoller, achtsamer Einstellung Dir selbst gegenüber.

TECHNIK-DETOX

Nach innen

und außen

hören

Für gute Beziehungen zwischen Menschen ist es wichtiger, zuzuhören und dem anderen Raum zu geben, damit er oder sie sich verstanden fühlt, als sich auf die eigenen Gefühle und Bedürfnisse zu konzentrieren. Wem zugehört wird, der kann leichter andere Gedanken und Ansichten annehmen. Das gilt ganz besonders in Konfliktsituationen. Wer gut in sich selbst hineinhören kann, auf Gedanken, Gefühle, Körper und Bedürfnisse achtet, dem fällt es auch leichter, zu sehen und zu verstehen, was in anderen vorgeht und welche Bedürfnisse dahinterstehen könnten. In diesem Kapitel geht es darum, in sich hineinzuhören und anderen zuzuhören.

IN SICH HINEINHÖREN, WENN UNERWARTETES GESCHIEHT

Wie reagierst Du normalerweise auf Unerwartetes?

» Steh auf und beobachte, was in Deinem Körper passiert: Anspannung? Gefühle? Gedanken? Etwas anderes?

» Nimm die Situation so an, wie sie ist. Dann kannst Du wählen, wie Du reagieren möchtest – oder ob Du es für den Moment einfach bleiben lassen willst.

Das zu trainieren hilft Dir, bewusster zu entscheiden, was Du tun möchtest.

WAS
GESCHIEHT
IM KÖRPER?

MIT VOLLER AUFMERK-SAMKEIT ZUHÖREN

TRAINIERE, ZUERST ZUZUHÖREN

Ziel dieser Übung ist es, einfach nur zuzuhören, sodass Du ohne Anstrengung über das nachdenken kannst, was jemand gerade gesagt hat.

» Wende Deine volle Aufmerksamkeit demjenigen zu, der gerade spricht. Höre genau zu, höre wirklich zu, ohne darüber nachzudenken, was Du antworten willst.
» Lass das Gesagte einsinken.
» Dann antworte, wenn Du antworten willst. Was entdeckst Du?

....

....

....

AUF DEN KÖRPER HÖREN

Wenn Du öfter trainierst, auf Deinen Körper
zu hören, fällt es Dir leichter zu wissen, was Du
wirklich willst. Konzentriere Dich auf Deine
Körperempfindungen, wenn jemand etwas von Dir
will. Bist Du angespannt, unruhig oder gelassen oder
fühlst Du Dich ganz leicht?

Wenn Du angespannt und unruhig bist, bitte um
Zeit – vor allem, wenn es Dir schwerfällt, Nein zu
sagen. Du könntest etwa sagen: „Kann ich nachher
noch mal mit Dir darüber sprechen?" Das gibt Dir
die Gelegenheit, etwas runterzukommen. Spüre
nach – wie fühlt sich das an? Was kannst Du tun,
was kannst Du nicht tun?

WÄHLE, MANCHMAL NICHT ZU WÄHLEN

WÄHLE KLUG – ODER GAR NICHT

Wenn Dich etwas beunruhigt, irritiert oder wütend macht:

» Steh auf und mache 3 tiefe Atemzüge.
» Beobachte, was in Dir geschieht: im Körper, in Deinen Gefühlen und Deinen Gedanken. Kannst Du auf die Situation Einfluss nehmen? Willst Du das? Oder willst Du es einfach sein lassen? Was wäre jetzt am klügsten?

Nur Du selbst bestimmst, wie Du auf Deine Gefühle reagierst. Wenn Du Dir Deiner Gefühle bewusst wirst und besser verstehst, wie Du in bestimmten Situationen reagierst, wirst Du ausgeglichener und reagierst bedachter. Oder Du reagierst einfach gar nicht.

MIT STARKEN GEFÜHLEN ZURECHTKOMMEN

Wenn Du wütend bist oder Dich ärgerst, steh auf und überlege, ob Du zornig sein kannst, ohne zu reagieren. Achte darauf, wo im Körper der Ärger am stärksten zu spüren ist. Stell Dir vor, dass Du von diesem Punkt aus ein- und ausatmest. Mache das mehrere Atemzüge lang. Lege zur Beruhigung die Hand auf diese Stelle und frage Dich ganz freundlich:

Wer bestimmt, wie ich reagiere?

Atme nun mehrmals tief ein und aus, stelle Dir wieder vor, dass Du es von diesem Punkt aus tust. Je öfter Du diese Übung machst, desto leichter wird es Dir fallen, mit starken Gefühlen umzugehen. Du entscheidest, ob Du bei diesen Gefühlen aktiv wirst oder ob Du nur reagierst. Sei geduldig und mitfühlend mit Dir selbst, denn diese Übung ist nicht einfach.

Wenn Du schlafen willst

Schlaf ist unsere wichtigste Erholungsquelle. Wir rackern tagsüber und erholen uns nachts. Das Gehirn lädt seine Energie neu auf und schafft neue Verbindungen zwischen den Synapsen – deshalb sind wir nach einem erholsamen Nachtschlaf klüger und kreativer. Was den Schlaf am meisten stört, sind Gedanken über das, was war, und das, was kommen wird. Davon loskommen kann man, wenn man die Gedanken ganz auf den Körper richtet oder sich einer Aufgabe widmet, etwa rückwärtsrechnen. So aktivieren wir die Bereiche im Gehirn, mit denen wir nicht bewusst denken. Übung macht den Meister.

ERINNERE DICH AN ALLES SCHÖNE VON DIESEM TAG

RUFE DIR DAS POSITIVE IN ERINNERUNG – DREI GUTE DINGE

Setz Dich auf die Bettkante, bevor Du schlafen gehst. Denke an drei schöne Dinge, die an diesem Tag geschehen sind. Das können ganz kleine Dinge sein: Hast Du die wärmende Sonne auf Deinem Gesicht genossen? Oder das Lächeln eines anderen Menschen? Was hat gut geschmeckt? Etwas Schönes, das Du gesehen hast. Etwas Kleines, das Dir gelungen ist. Ein Spaziergang, ein Bad, eine Mahlzeit oder irgendetwas anderes.

Wenn Du diese Übung regelmäßig machst, stellt sich Dein Bewusstsein auch im Alltag auf die guten, schönen Dinge ein, sodass Du Dich an sie erinnerst, wenn sie Dir begegnen. So kann man mit der Neigung brechen, nur auf das zu achten, was schlecht oder weniger gelungen ist.

....

....

....

ATEMÜBUNG, WENN DAS EINSCHLAFEN SCHWERFÄLLT

Wenn Dir das Einschlafen schwerfällt, kann vielleicht diese Atemübung helfen. Dein Ziel bei dieser Übung könnte sein, Deine Gedanken loszulassen, egal welchen Inhalt sie haben.

» Geh mit Deinen Gedanken um, als wären sie Wolken am Himmel, die kommen und gehen.

» Versuche, Gedanken loszulassen, und konzentriere Dich auf Deine Atmung.

» Fokussiere Dich ganz auf das Ein- und Ausatmen, bis Deine Gedanken wieder wandern. Wiederhole dann die gesamte Übung: Nimm Deine Gedanken wahr, konzentriere Dich aber auf die Atmung.

» Wiederhole diese Übung mehrmals – immer dann, wenn Du sie brauchst. Achte darauf, ob Du einen Unterschied erkennen kannst, wenn Du schwer einschläfst.

Gehe mit Deinen Gedanken so um,
als wären sie Wolken am Himmel.

KÖRPERSCAN BEI EINSCHLAFPROBLEMEN

Fällt Dir das Einschlafen schwer? Dann versuche es einmal mit einem Körperscan. Das ist eine sehr entspannende Übung, die gut bei Einschlafproblemen hilft. Indem Du Deine Aufmerksamkeit auf ganz verschiedene Körperteile und Empfindungen richtest, kommen Deine Gedanken zur Ruhe.

Beginne mit den Füßen, Beinen, dem Unterleib, Oberkörper, dann Schultern und Kopf und widme Dich gern auch Details wie Zehen, Knie, Bauch usw. Hinauf von den Füßen bis zum Kopf und dann wieder hinunter. Werde ganz still.
Was entdeckst Du?

Wenn Du Dich auf unterschiedliche Körperteile und Empfindungen konzentrierst, kommst Du zur Ruhe.

LASS DEINE GEDANKEN LOS, UM LEICHTER ZU SCHLAFEN

Wenn Dir das Einschlafen schwerfällt, probiere diese Übung aus, bei der Du Dich auf Deine Atmung und das Rückwärtszählen konzentrierst. So fällt es Dir leichter, Deine Gedanken loszulassen und zur Ruhe zu kommen. Beginne mit der Übung und schaue, wie weit Du mit dem Zählen kommst.

» Spüre den Strom Deiner Gedanken.

» Rechne leise von 299 rückwärts. Sage/denke „200", wenn Du einatmest und „99", wenn Du ausatmest.

» Sage/denke „200", wenn Du einatmest und „98", wenn Du ausatmest.

» Mach so weiter und schaue, wie weit Du kommst. Wenn Deine Gedanken wandern, nimm es zur Kenntnis und setze dann das Rückwärtszählen fort.

....

....

....

ACHTSAMKEIT VERTIEFEN

Es gibt viele Möglichkeiten, wie man Achtsamkeit vertiefen und weiterentwickeln kann. Auf der Website des Autors finden Sie dazu viele Anregungen. Die Seite ist auf Schwedisch, einiges wird aber auch in Englisch bereitgestellt. Ola Schenström und sein Team bieten E-Kurse, Bücher und Videos an, man kann mit einem Trainer üben, es gibt spezielle Angebote für Ausbilder und Kurse für Kinder und Jugendliche.

https://www.mindfulnesscenter.se/

MONTAGS EINE NEUE ACHTSAMKEITSIDEE

Wer gern wöchentlich weiterüben will, meldet sich über diesen Link an. Dann kommt jeden Montag eine neue Übung direkt ins E-Mail-Postfach – allerdings auf Schwedisch: https://www.mindfulnesscenter.se/mandagsrad/

E-KURSE

» Ola Schenström hat in den letzten zehn Jahren unterschiedliche E-Kurse entwickelt. Alle bestehen aus einem einführenden Video, kurzen Lektionen von wenigen Minuten mehrmals pro Woche und kleinen Meditationsübungen zwischen 10 und 20 Minuten für jeden Tag. Wer will, kann auch einen Stress- und Achtsamkeitstest machen.

» Hier und Jetzt: Unser beliebtester Kurs seit über 10 Jahren, mit 20-Minuten-Übungen

» Gegen Stress: 10-Minuten-Übungen

» Gegen Dauerschmerzen und Krankheit: 10-Minuten-Übungen

» Unterstützung von Angehörigen bei chronischen Erkrankungen

» Achtsamkeit und Mitgefühl für sich selbst und andere

» Achtsamkeit und Mitgefühl für gestresste Jugendliche – 15 bis 25 Jahre

» Achtsamkeit während Schwangerschaft und Geburt

FORSCHUNG

Zur Achtsamkeitsforschung finden Sie hier weitere Quellen:

» https://goamra.org/
  (internationale Forschung – englisch)
» https://ifmm.se/
  (schwedische Forschung, einiges auch auf Englisch)
» http://www.mbsr-verband.de/mbsr-mbct/forschung.
  html (Zusammenschluss von Achtsamkeitslehrern)
» http://www.achtsamkeit.com/forschung.htm
  (Seite von Nils Altner, unterrichtet und forscht in
  Sachen Achtsamkeit)
» https://www.uniklinik-freiburg.de/
  psychosomatik/forschung/sektion-
  komplementaermedizinische-evaluationsforschung/
  meditationachtsamkeitundneur.html
  (Forschungsgruppe Meditation, Achtsamkeit und
  Neurophysiologie der Universität Freiburg)
» https://mbsr-msc.de/wissenschaftliches-achtsamkeit-
  meditation/
  (Achtsamkeitsforschung der Universität Karlsruhe)

MEHR BÜCHER RUND UM ACHTSAMKEIT

» Collard, Patrizia: Das kleine Buch vom achtsamen Leben. 10 Minuten am Tag für weniger Stress und mehr Gelassenheit. Heyne 2016

» Hatch, Amber: Achtsam Eltern sein. Für ein gelassenes und glückliches Familienleben. TRIAS 2018

» Kabat-Zinn, Jon: Gesund durch Meditation. Das große Buch der Selbstheilung mit MBSR. Knaur 2013

» Pohl, Monika: Der Glückscoach – Zweisamkeit. Achtsam und verbunden als Paar. TRIAS 2018

» Stock, Christian: Meditation. Achtsame Übungen für mehr Gelassenheit im Leben. TRIAS 2018

» Strohsal, Kirk: In diesem Moment. Stress überwinden und achtsam werden. Das 5-Stufen-Programm neurowissenschaftlich belegt. TRIAS 2016

» Tödter, Regina: Der Glückscoach – Entschleunigen. Slow durch den Alltag. TRIAS 2016

DANKSAGUNG

Ein besonderer Dank an Jenny Törnblom und Marie Tyrbro, die mir stets mit Rat zur Seite standen; an meine Verlegerin Alexandra Lidén, die mit der Idee zu diesem Buch auf mich zukam, und an meinen Lektor Thomas Lundvall, mit dem ich hervorragend zusammengearbeitet habe.

Ola Schenström ist in Schweden einer der angesehensten Experten in Sachen Achtsamkeit. Er hält Vorlesungen und gibt Kurse. Sein Buch *Achtsamkeit im Alltag* wurde zu einem Bestseller in Schweden.

Bibliografische Information der
Deutschen Nationalbibliothek
Die Deutsche Nationalbibliothek verzeichnet
diese Publikation in der Deutschen National-
bibliografie.
Detaillierte bibliografische Daten sind im Internet über http://dnb.d-nb.de abrufbar.

Die schwedische Originalausgabe erschien 2017
unter dem Titel „52 vägar till mindfulness" bei
Bonnier Fakta, Stockholm, Schweden.
Published in the German language by arrange-
ment with Bonnier Rights, Stockholm, Sweden.

Copyright: © Ola Schenström och Mindfulness-
center 2017
Illustrationen: Isabelle Norman Sällström
Autorenfoto: David Polberger
Layout: Eric Thunfors
Redaktion: Thomas Lundvall

1. Auflage 2019

© 2019 TRIAS Verlag
in Georg Thieme Verlag KG
ein Unternehmen der Thieme Gruppe
Rüdigerstraße 14, 70469 Stuttgart, Deutschland

www.trias-verlag.de

Printed in Germany

Redaktion und Satz: Print Company Verlags-
ges.m.b.H., Wien
Übersetzung: Jutta Hamberger
Umschlaggestaltung: CYCLUS Visuelle
Kommunikation, Stuttgart
Druck: AZ Druck und Datentechnik GmbH,
Kempten

ISBN 978-3-432-10808-7

Hinweis
Weder Autor noch Verlag übernehmen Ver-
antwortung für eventuell aus der Anwendung
der Prinzipien und Techniken, die in diesem
Buch vorgestellt werden, resultierende Schäden.
Dieses Buch eignet sich nicht zur Behandlung
schwerwiegender gesundheitlicher Beschwer-
den. Wenden Sie sich unbedingt an einen Arzt,
wenn Sie sich in irgendeiner Weise unwohl-
fühlen oder sich über Ihren Gesundheitszustand
Sorgen machen.

FOTO LINA KARNA KIPPEL

GRÜNE
PAUSEN
FÜR DIE
SEELE

Eva Robild

TRIAS

Eva Robild
Grüne Pausen für die Seele
€ 19,99 [D] / € 20,60 [A]
ISBN 978-3-432-10676-2

Naturverbunden und achtsam

Grüne Pausen machen uns zufriedener mit unserem
Leben, wir spüren mehr Lebensfreude, können besser
nachdenken, Probleme lösen und kreativer werden.
Dieses Buch erzählt persönlich, sachkundig und
stimmungsvoll, wie wertvoll Natur und Garten für
die Seele sein kann. Grün tut einfach gut.

Auszeit-Übungen
für mehr Natur im Leben

Die Kraft des Atmens

Jean Hall
Atmen
€ 9,99 [D] / € 10,30 [A]
ISBN 978-3-432-10763-9

Die Kraft der Schritte

Sholto Radford
Gehen
€ 9,99 [D] / € 10,30 [A]
ISBN 978-3-432-10769-1

Seien Sie einfach
gut zu sich

Was jede Frau wirklich wissen sollte

Bestsellerautorin Dr. Libby Weaver zeigt Ihnen, wie
Sie sich rundherum vital, gesund und schön fühlen.
Vertrauen Sie auf die Weisheit Ihres Körpers und
finden Sie Ihre emotionale Balance.

Dr. Libby Weaver
Energiegeladen statt dauermüde
€ 16,99 [D] / € 17,50 [A]
ISBN 978-3-432-10430-0

Dr. Libby Weaver
Wunderbar weiblich
€ 19,99 [D] / € 20,60 [A]
ISBN 978-3-432-10518-5

Dr. Libby Weaver
Das Rushing Woman Syndrom
€ 19,99 [D] / € 20,60 [A]
ISBN 978-3-432-10433-1

Alle Titel auch als E-Book

 Bequem bestellen über
www.trias-verlag.de
versandkostenfrei
innerhalb Deutschlands

TRIAS